BEI GRIN MACHT SICH IHR WISSEN BEZAHLT

- Wir veröffentlichen Ihre Hausarbeit, Bachelor- und Masterarbeit

- Ihr eigenes eBook und Buch - weltweit in allen wichtigen Shops

- Verdienen Sie an jedem Verkauf

Jetzt bei www.GRIN.com hochladen und kostenlos publizieren

Bibliografische Information der Deutschen Nationalbibliothek:

Die Deutsche Bibliothek verzeichnet diese Publikation in der Deutschen Nationalbibliografie; detaillierte bibliografische Daten sind im Internet über http://dnb.d-nb.de/ abrufbar.

Dieses Werk sowie alle darin enthaltenen einzelnen Beiträge und Abbildungen sind urheberrechtlich geschützt. Jede Verwertung, die nicht ausdrücklich vom Urheberrechtsschutz zugelassen ist, bedarf der vorherigen Zustimmung des Verlages. Das gilt insbesondere für Vervielfältigungen, Bearbeitungen, Übersetzungen, Mikroverfilmungen, Auswertungen durch Datenbanken und für die Einspeicherung und Verarbeitung in elektronische Systeme. Alle Rechte, auch die des auszugsweisen Nachdrucks, der fotomechanischen Wiedergabe (einschließlich Mikrokopie) sowie der Auswertung durch Datenbanken oder ähnliche Einrichtungen, vorbehalten.

Impressum:

Copyright © 2015 GRIN Verlag
Druck und Bindung: Books on Demand GmbH, Norderstedt Germany
ISBN: 9783668712751

Dieses Buch bei GRIN:

https://www.grin.com/document/427226

Dominik Langer

Georg Elser. Beweggründe zum Widerstand

GRIN Verlag

GRIN - Your knowledge has value

Der GRIN Verlag publiziert seit 1998 wissenschaftliche Arbeiten von Studenten, Hochschullehrern und anderen Akademikern als eBook und gedrucktes Buch. Die Verlagswebsite www.grin.com ist die ideale Plattform zur Veröffentlichung von Hausarbeiten, Abschlussarbeiten, wissenschaftlichen Aufsätzen, Dissertationen und Fachbüchern.

Besuchen Sie uns im Internet:

http://www.grin.com/

http://www.facebook.com/grincom

http://www.twitter.com/grin_com

Georg Elser
Beweggründe zum Widerstand

Was brachte einen einzelnen Mann dazu, ein so großes und drastisches Attentat zu verüben?

Verfasst von: Dominik Langer
Abgabe: 06.11.2015

Inhaltsverzeichnis

Vorwort iii
Widerstand 1
Georg Elser 2
    Kindheit, Jugend, Werdegang 2
Attentat 4
    Motivation 4
    Durchführung 4
    Verhaftung, Ermordung 6
Fazit 7
Literaturverzeichnis 8
Quellenverzeichnis 8

Vorwort

„Den Hitler jag' ich in die Luft"[1]

Georg Elser

Am 8. November 1939 detonierte die von Georg Elser selbst gebaute Bombe um 21.20 Uhr im Bürgerbräukeller in München. Sie tötete sieben Menschen und verletzte mehr als 60 Weitere, wovon einer später seinen Verletzungen erlag. Doch einen Mann traf es nicht, den Mann, der der Grund für das Attentat war – Adolf Hitler.

Elser bemerkte schon früh, dass durch die Herrschaft Hitlers Deutschland immer weiter in einen Krieg gerät. Um das zu verhindern, baute er eine Bombe. Er wollte ein Menschenleben für das von Millionen opfern.

---

[1] vgl. **Haasis**, Hellmut G., Den Hitler jag' ich in die Luft, Der Attentäter Georg Elser, 1. Auflage September 1999

Widerstand

Widerstand beschreibt die Widersetzung, oder Auflehnung gegen die vorherrschende Macht. Anders als bei einer Revolution strebt der Widerstand den Erhalt oder die Wiederherstellung alter Werte an.[2] Um dies zu erreichen gibt es verschiedene Arten, Widerstand zu leisten, doch auch verschiedene Auslöser, sehr bekannt dafür ist die Zeit des Nationalsozialismus. In unserem heutigen Grundgesetz finden wir unter Artikel 20 das Widerstandsrecht, in Absatz 4 steht, dass „Gegen jeden, der es unternimmt, diese Ordnung zu beseitigen, [...] alle Deutschen das Recht zum Widerstand [haben], wenn andere Abhilfe nicht möglich ist."[3] Diese Formulierung lässt ein großes Spektrum an Interpretationsfreiheit zu, wodurch im Grundgesetz das Recht zu Widerstand nicht klar definiert ist.

Viele Historiker befassten sich mit dem Thema – Widerstand im Nationalsozialismus. Man versucht bis heute ein Modell zu erstellen, nach dem man Widerstand klar einteilen und kategorisieren kann, doch bei genauerer Betrachtung der Problematik fällt auf, dass eine Einheitslösung nicht existieren kann, da jeder Mensch eine andere Auffassung zum Thema Widerstand besitzt. Um sich jedoch mit dem Thema historisch auseinandersetzen zu können, muss man auf solche Modelle zurückgreifen und diese miteinander vergleichen. Die 5 Modelle, die ich vergleichen werde, stammen von Eberhard Bethge, Richard Löwenthal, Ian Kershaw, Botz und Peukert.

Eberhard Bethge erstellte 1963 ein fünfstufiges Modell[4], mit dem er den Widerstand gegen das NS-Regime in Stufen einteilt. Die fünf Stufen sind: „einfacher passiver Widerstand", „offener ideologischer Gegensatz", „Mitwisserschaft an Umsturzvorbereitungen", „aktive Vorbereitung für das Danach" und „aktive politische Konspiration". Dabei weist er auf keine Funktion der Stufen hin, man kann nur vermuten, dass jede höhere Stufe eine, nach seiner Auffassung, stärkere Form von Widerstand ist.

Richard Löwenthal erstellte 1982 ein Pyramidenmodell zur Einteilung des Widerstandes im NS-Regime[5]. Dabei teilte er die drei Stufen in „gesellschaftliche Verweigerung", „politische Opposition" und „weltanschauliche Verweigerung" ein. Auch hier gibt es keinen Verweis auf die Funktion der gewählten Form, doch man kann vermuten, dass die

---

[2] vgl. **Staudte-Lauber**, Annalena, Stichwort Widerstand gegen Hitler, München 1994, S. 7
[3] vgl. **Deutscher Bundestag** (Hg.), Grundgesetz für die Bundesrepublik Deutschland, Berlin 2010, S. 28
[4] vgl. **Filser**, Karl, „Dissens, Resistenz, politischer Protest - OPUS Augsburg", Überschriften aus Wolfgang Benz und Walter H. Pehle (Hgg.): Lexikon des deutschen Widerstandes (S. Fischer), Frankfurt a. M. 1994 https://opus.bibliothek.uni-augsburg.de/opus4/files/1069/Filser_Dissens_Resistenz.pdf, S. 100
[5] vgl. **Filser**, S. 103

Widerstandsform „politische Opposition" an der Spitze als „wichtigste" Widerstandsform gelten soll.

Ian Kershaw erstellte 1985 eine Tabelle, die in zwei Spalten unterteilt ist: „Widerstand" und „Dissens", dabei versteht er unter Widerstand hauptsächlich aktive Handlungen gegen das Regime, jede andere Form fällt unter Dissens.

Gerhard Botz erstellte eine Tabelle zur Einteilung von Widerstandsformen im NS-Regime. Dabei teilte er die Zeilen in „eher aktiv" und „eher reaktiv" und die Spalten in „hoch organisiert" und „niedrig (oder nicht) organisiert", jede Widerstandsform erhält eine Nummer, nach der man sie einteilen kann, vermutlich nach Stärke der Widerstandsform. Bei diesem Modell fällt die deutliche Einteilung auf, die hohe Genauigkeit ermöglicht.

Ähnlich wie Bethge erstellte Peukert ein Stufenmodell[6], mit dem Unterschied, dass die x- und y-Achse mit unterschiedlichen Widerstandsformen einteilt. Die y-Achse beginnt bei „partielle Kritik am System" und endet bei „generelle Kritik am System", die x-Achse beginnt bei „privater Handlungsraum" und endet bei „öffentlicher Handlungsraum". Danach sind die Stufen steigend in „Nonkonformität", „Verweigerung", „Protest" und „Widerstand" eingeteilt. Widerstand bedeutet für Peukert also eine Widerstandsform, die generelle Kritik am System übt und im öffentlichen Handlungsraum spielt.

Bei dem Vergleich wird klar, wie schwer es ist, Widerstand im Nationalsozialismus zu kategorisieren, doch viele der Modelle weisen eine Gemeinsamkeit auf: Widerstand ist aktiv in der Öffentlichkeit am stärksten.

Georg Elser

Kindheit, Jugend, Werdegang

Georg Elser wurde am 4. Januar 1903 in Hermaringen geboren. Sein Vater Ludwig war Fuhrmann einer Mühle in Hermaringen[7] und besaß ein kleines landwirtschaftliches Anwesen in Königsbronn. Laut Protokollen der Gestapo und anderen Quellen war er äußerst jähzornig, rücksichtslos, brutal[8] und sehr überzeugt von seiner Arbeit. Des Weiteren soll er viel getrunken und seine Familie schlecht behandelt haben, wodurch Georg vermutlich ein Trauma erhielt. Georg Elser war das älteste von vier Geschwistern.

---

[6] vgl. **Ulrich**, Axel, „Widerstand auf dem Gebiet des heutigen Rheinland-Pfalz – ein Überblick. Gegner des Nationalsozialismus: politischer Widerstand, Widersetzlichkeit und anderes Aufbegehren gegen das NS-Regime", http://www.ns-dokuzentrum-rlp.de/fileadmin/user_upload/PDFs/M1.pdf, S. 177

[7] vgl. **Haasis**, Hellmut G., Den Hitler jag' ich in die Luft, Der Attentäter Georg Elser, 1. Auflage September 1999, S. 134

[8] vgl. **Haasis** S. 139

Nach dem ersten Weltkrieg geriet die Familie in finanzielle Nöte, was auch durch Holzauktionen entstand, an denen Elsers Vater alkoholisiert teilnahm[9], wodurch sie immer mehr von ihrem Land verkaufen mussten. Nach Beendigung seiner Schulzeit begann Elser eine Lehre als Eisendreher, wechselte den Beruf jedoch aus gesundheitlichen Gründen zum Schreinerhandwerk, doch blieb er da nicht und wechselte den Beruf ein paar Mal, bis er zurück an den elterlichen Hof kehrte, um seine Familie zu unterstützen[10].

Bedrängt durch seine Mutter sah der 22jährige keine Chance für sich Liebeserfahrungen zu machen. Elser reiste zum Bodensee, wo er für sechs Wochen in einem kleinen Handwerk arbeitete, doch ging anschließend, ohne Beruf, mit seinem angesparten Geld auf Wanderschaft, bis er eine Stelle in Manzell erhielt, die Propeller herstellte. Dort lernte er Leo Dannecker kennen, mit dem er zusammen kündigte und nach Konstanz zog und in einer Uhrenfabrik arbeitete. Zwischenzeitlich hatte Elser verschiedene Freundinnen. 1930 bekam Elser widerwillig mit Mathilde Niedermann den Sohn Manfred, für den er Unterhalt zahlen musste. Elser zog weiter und lernte andere Frauen kennen[11].

Die Anstellungen wurden mehr und mehr durch die Wirtschaftskrise gekündigt, wodurch Elser schlussendlich erneut an den väterlichen Hof zurückkehrte und dort eine eigene Werkstatt einrichtete, in der er Reparaturarbeiten an Möbeln verrichtet[12]. Das Anwesen seines Vaters musste jedoch trotz Unterstützung Elsers bis 1935 bis auf einen Obstgarten verkauft werden. Daraufhin nahm sich Elser in Königsbronn eine Wohnung und arbeitete in einem Schreinerhandwerk, doch sein Arbeitgeber wusste seine Arbeit nicht richtig zu schätzen und bezahlte ihn ungerecht, woraufhin Elser kündigte und nach etwas Zeit 1936 eine Stelle in der Armaturenfabrik Waldenmaier in Heidenheim annahm. Hier wurden Pulverplatten gepresst und Geschosszünder hergestellt. Erst arbeitete Elser als Hilfsarbeiter, doch 1937 übernahm er einen verantwortungsvolleren Posten in der Verteilung der Materialeingänge. Im März 1939 gab Elser diese Stelle auf. Inzwischen wohnte er in dem Dachboden des neuen Anwesens seiner Eltern in Königsbronn. Hier verwendete Elser seine gesamte Zeit zur Planung und Vorbereitung seines Attentates auf Adolf Hitler[13].

---

[9] vgl. **Haasis** S. 138
[10] vgl. **Bracher**, Karl Dietrich u.a., Graml, Hermann (Hg.), Widerstand im Dritten Reich, Frankfurt am Main, Mai 1994, S. 184
[11] vgl. **Haasis** S. 145-155
[12] vgl. **Bracher**, S. 184 f.
[13] vgl. **Bracher**, S. 185

Attentat

Motivation

Den Entschluss zu dem Attentat fasste Elser im Herbst 1938, wie er bei einem Verhör durch die Gestapo aussagte[14]. Zu der Zeit drohte Hitler mit einem Krieg gegen die Tschechoslowakei. Außerdem beobachtete Elser ab dem Jahre 1933 eine hohe Unzufriedenheit in der Arbeiterschaft. Elser handelte also aus zwei Gründen, dem Krieg und der Unzufriedenheit der Arbeiterschaft. Doch Elser wurde später als Pazifist gesehen, der einen Krieg verhindern wollte[15].

Durchführung

Am 8. November 1938 besuchte Elser schon einmal den Bürgerbräukeller in München und kundschaftete die Möglichkeiten aus. Die Sicherheitsmaßnahmen waren sehr schlecht, er konnte sogar durch den Haupteingang in den Saal gehen, wo Hitler später reden sollte, ohne aufgehalten zu werden, oder auch nur angesprochen. Er sah sich um und überlegte, wie er die Bombe am besten platzieren kann. Zu Hause fällt ihm ein, dass er einen Zeitzünder brauchen würde.

Durch seine Anstellung bei der Rüstungsfirma Waldenmaier kam Elser mit Zündern und Sprengstoff in Berührung. 1937 ließ sich Elser auf eigene Nachfrage in die Versandabteilung versetzen. Hier fiel er nicht auf und konnte sich von diversen Angestellten die Zündmechanismen erklären lassen. Elser wurde als sehr unauffälliger Mann bezeichnet, er konnte in den Menschenmassen, die in der Fabrik waren, einfach untertauchen.

Anfang September 1938 erhält Elser eine Lieferung von 20 Zünderrohlingen, von denen er einen behält und einen Reklamationszettel schreibt, dass ein Zünder nicht mitgeliefert worden wäre. Der Arbeitgeber ist mit anderen Dingen sehr beschäftigt und hegt keinen Verdacht[16].

Von dem Sprengmeister Georg Kolb erfährt Elser, dass der Sprengstoff relativ weit am Boden angebracht werden müsse. Dabei käme der untere Teil des Pfeilers nicht in Frage, da er zu leicht entdeckt werden könnte, daher entscheidet sich Elser für das untere Stück

---

[14] vgl. **Haasis** S. 172
[15] vgl. **Haasis** S. 172-173
[16] vgl. **Haasis** S. 174-175

des Pfeilers auf der Galerie. Mit der Sprengung wollte er die Säule zerstören, sodass Teile am Rednerpult und darum herumfliegen und vielleicht die Decke einstürzt[17].

Elser sperrt sich in sein Zimmer bei seinen Eltern ein und verlässt dieses kaum noch. Daher stammt auch sein Ruf, ein Sonderling zu sein, da er von da an die Außenwelt mied. Er wechselte die Schlösser seiner Zimmertür und baute einen Holzkoffer, der einen zweiten Boden hatte, zwei Geheimfächer und dreifach abgeschlossen wurde. Die Mutter schöpfte Verdacht und alarmierte die Ortspolizei. Der Ortspolizist Michael Aigner öffnete mit einem Nachtschlüssel Elser Zimmer, doch fand nichts, was den Anschein einer Bombe machte. Elser plant seine Flucht über Konstanz und verkauft alle seine Sachen, sodass er ein Sparvermögen von 350 bis 400 Mark besaß, davon konnte man bei einem sparsamen Lebensstil drei Monate auskommen[18].

Durch seine Stelle bei Waldenmaier gelangt Elser in fünf Monaten an genügend Schwarzpulver für sein Vorhaben. Im März 1939 kündigt Elser bei Waldenmaier und reist am 4. April erneut nach München, um von dem Pfeiler Maß zu nehmen. Gleichzeitig freundet sich Elser mit dem Personal dort an und verschafft sich selbst eine Stelle als Hausbursche. Am 12. April fährt Elser wieder nach Hause. Doch dort wird er erneut von seiner Mutter rausgeworfen und zieht nach Itzelberg, wo er in einem Steinbruch arbeitet. Dort besorgt sich Elser auch die Reste des benötigten Sprengstoffs Donarit 3 und Sprengkapseln. Des Weiteren kauft sich Elser ein Buch über Sprengungsarbeiten[19].

Nach längerer Zeit bricht Elser nach München auf, sein Koffer war nun fertig mit einem Zeitzünder ausgestattet. Doch am 1. September 1939 wird der Krieg gegen Polen ausgerufen, wodurch die Bevölkerung in Aufruhr kam, viele zogen in den Krieg. In der Nähe des Bürgerbräukellers bezieht er eine kleine Wohnung, die eher einer Kammer ähnelt. Dort schläft er tagsüber, da er sich nachts aus dem Haus schleicht und in den Saal des Bürgerbräukellers einschließen lässt. Elser legt möglichst weit unten in der Holzverschalung des Pfeilers eine Tür (70 x 90 cm) an. Anschließend treibt er eine Sprengkammer in den Pfeiler. Elser verfeinert seinen Zeitzünder, sodass er die Uhr so stellen konnte, dass die Bombe erst nach sechs Tagen (144 Stunden) detoniert. In der Uhr wird dann über einen Anschlag am Kammerrad ein Zahnrad bewegt, welches über eine

---

[17] vgl. **Haasis** S. 184-185
[18] vgl. **Haasis** S. 168-187
[19] vgl. **Haasis** S. 190-193

Seiltrommel ein angelötetes Drahtseil aufzieht. Dieses Seil entfernt einen Sperrhebel und lässt eine gespannte Feder den Schlitten freisetzen, dadurch kommt es zur Explosion[20].

Am 1. und 2. November platziert Elser den Sprengstoff in der Sprengkammer, doch ihm fällt auf, dass seine Vorrichtung etwas zu groß ist. Am 5. November baute er die noch fehlenden Elemente ein, am 7. November überprüfte er die eingestellte Zeit[21].

Am 8. November 1939 detoniert Elsers Bombe um 21.20 Uhr, doch Adolf Hitler hatte den Saal unerwartet 10 Minuten davor verlassen, da er wegen des ungünstigen Flugwetters auf einen Sonderzug ausweichen musste. Dieser fuhr um 21.31 Uhr ab, sein Ziel war Berlin, wo Hitler seine Herbstoffensive dringend besprechen musste[22].

Die Detonation zerstörte den Bürgerbräukeller in München fast vollständig. Dabei kamen sieben Menschen ums Leben, mehr als 60 weitere Menschen wurden verwundet, von denen einer später seinen Verletzungen erlag[23].

Verhaftung, Ermordung

Am 8. November fuhr Elser nach Konstanz, da er noch vor der Detonation außer Gefahr sein wollte. Bei dem Versuch illegal in die Schweiz einzureisen, wurde er gegen 20.45 Uhr von der Grenzpolizei aufgehalten und durchsucht, man fand bei ihm Zünderteile und Pläne, woraufhin er festgehalten wurde. Erst nach dem Attentat wurde Elser zur Gestapo überstellt, da Hitler und Himmler nicht glaubten, dass Elser ein Einzeltäter war. Sie wollten wissen, wer seine Komplizen und Geldgeber waren[24].

Als diese Befragungen, auch durch schlimmste Folter, nichts ergaben, wurde Elser in das KZ Sachsenhausen gebracht, wo er als bevorzugter „Sonderhäftling" im Auftrag der Gestapo seine Sprengvorrichtung nachbauen sollte. Anschließend wurde Elser nicht der Justiz zur Aburteilung durch den Volksgerichtshof übergeben. Als jedoch der militärische Zusammenbruch unausweichlich wurde, beschloss man, dass Elser nicht mehr von Nutzen sei, daraufhin wurde er am 9. April 1945, auf Weisung aus Berlin, im KZ Dachau erschossen. Am selben Tag werden im KZ Flossenbürg Dietrich Bonhoeffer, Wilhelm Canaris, Karl Sack und andere Widerstandskämpfer ermordet[25].

---

[20] vgl. **Haasis** S. 198-205
[21] vgl. **Haasis** S. 206-207
[22] vgl. **Bracher**, S. 183
[23] vgl. **Bracher**, S. 183
[24] vgl. **Bracher**, S. 188
[25] vgl. **Bracher**, S. 185-186

Fazit

Meiner Meinung nach war Georg Elser eine wichtige Person auf dem Weg aus dem Nationalsozialismus. Auch, wenn sein Attentat sein Ziel verfehlt hat, waren solche Personen nötig, um ein Zeichen zu geben, um Widerstand gegen den Nationalsozialismus zu leisten. Am Anfang dieser Facharbeit definierte ich den Widerstand, Georg Elser leistete definitiv Widerstand gegen den Nationalsozialismus, und das aktiv, in Form von einem Attentat gegen den Führer, Adolf Hitler. Doch seine Umgebung wusste nichts von seinem Vorhaben, des Weiteren lebte Elser zurückgezogen, daher war sein Widerstand der Öffentlichkeit entzogen.

Elser war überzeugt davon, dass Hitler und die Nationalsozialisten schlecht für Deutschland und viele weitere Länder waren. Er sah, dass erneut Krieg aufziehen würde, indem er Hitlers Reden verfolgte. Georg Elser war ein friedlicher Mensch, der mit seiner Tat weiteres Blutvergießen verhindern wollte. Das war einer seiner zwei Beweggründe. Der zweite waren die hohen Kosten und die ungerechten Löhne und Steuern, die durch Hitler, seine Politik und den Krieg immer mehr entstanden. Da Elser selbst als Handwerker tätig war, erlebte er hautnah, was das für die Bevölkerung in ganz Deutschland bedeutete. Daher fasste er den Entschluss, den Ursprung allen Übels zu beseitigen.

Aus damaliger Sicht wurde er missverstanden. Dies kann man der NS-Propaganda zum Teil zuschreiben. Er wurde als Sonderling nicht weiter beachtet, doch wie ich bereits erläuterte, wurde er erst so verschlossen, als er mit den Vorbereitungen für sein Attentat begann.

Auch wenn sein Versuch die Nationalsozialisten zu stoppen scheiterte, war Georg Elser eine wichtige Person auf dem Weg, Deutschland von dem NS-Regime zu befreien.

Literaturverzeichnis

- Herausgegeben und bearbeitet von der Redaktion Schule und Lernen, Redaktionelle Leitung: **Bergmann**, Martin, Schülerduden Geschichte, 6. Auflage, Mannheim 2011
- **Bracher**, Karl Dietrich u.a., Graml, Hermann (Hg.), Widerstand im Dritten Reich, Frankfurt am Main, Mai 1994
- **Deutscher Bundestag** (Hg.), Grundgesetz für die Bundesrepublik Deutschland, Berlin 2010
- **Göbel**, Walter, Abiturwissen Geschichte, Das Dritte Reich, Stuttgart 2004
- **Haasis**, Hellmut G., Den Hitler jag' ich in die Luft, Der Attentäter Georg Elser, 1. Auflage September 1999
- **Staudte-Lauber**, Annalena, Stichwort Widerstand gegen Hitler, München 1994

Quellenverzeichnis

- **Botz**, Gerhard, , „Resistenz" als Widerstand gegen Diktatur? ',Referat auf dem Symposium der Landesverteidigungsakademie Wien, 30. Nov. 2004, *https://www.google.de/url?sa=t&rct=j&q=&esrc=s&source=web&cd=1&cad=rja&uact=8& ved=0CCAQFjAAahUKEwi2vOSbhOjIAhXCSBQKHefaBzM&url=http%3A%2F%2Fwww.lbihs.a t%2FGBResistenz.pdf&usg=AFQjCNFXPR06DujvjpM1pNP-tioaood kA&sig2=6Qp-1995wlvemEC5vWgaWw* (geöffnet: 29.10.2015)
- **Filser**, Karl, „Dissens, Resistenz, politischer Protest - OPUS Augsburg", Überschriften aus Wolfgang Benz und Walter H. Pehle (Hgg.): Lexikon des deutschen Widerstandes (S. Fischer), Frankfurt a. M. 1994 *https://opus.bibliothek.uni-augsburg.de/opus4/files/1069/Filser Dissens Resistenz.pdf* (geöffnet: 29.10.2015)
- **Ulrich**, Axel, „Widerstand auf dem Gebiet des heutigen Rheinland-Pfalz – ein Überblick. Gegner des Nationalsozialismus: politischer Widerstand, Widersetzlichkeit und anderes Aufbegehren gegen das NS-Regime", *http://www.ns-dokuzentrum-rlp.de/fileadmin/user upload/PDFs/M1.pdf* (geöffnet: 30.10.2015)

BEI GRIN MACHT SICH IHR WISSEN BEZAHLT

- Wir veröffentlichen Ihre Hausarbeit, Bachelor- und Masterarbeit

- Ihr eigenes eBook und Buch - weltweit in allen wichtigen Shops

- Verdienen Sie an jedem Verkauf

Jetzt bei www.GRIN.com hochladen und kostenlos publizieren